나는 너희에게 강요하지 않겠다.
짜르지 않을 자들은 가라.'
대장넘거 이세상에 태어나 한 번 죽느라면
사직에서 죽는 것이다.

- <연개나기숙> 세로 진난로나

글 **남이담**

어린이들을 위한 학습 만화와 학습 동화를 써 왔습니다. 지금은 역사 속 사건과 인물들의 이야기를 쉽고 재미있게 알려 주기 위해 노력하고 있습니다. 대표작으로는 〈설민석의 그리스 로마 신화 대모험〉, 〈고층 건물에서 살아남기〉, 〈제주에서 보물찾기〉, 〈설민석의 고사성어 대격돌〉이 있습니다.

그림 **정현희**

어린이들이 재미있게 책을 읽었으면 하는 바람으로 학습 만화를 그리고 있습니다. 때론 진지하고, 때론 익살스러운 만화 속 캐릭터들을 통해 어린이 여러분들과 함께 공부하고, 함께 마음을 나누고 있습니다. 그동안 그림을 그린 책으로는 〈설민석의 한국사 대모험 퀴즈쇼〉, 〈자신만만 한국사왕〉, 〈WHO 시리즈〉, 〈아 다르고 어 다른 우리말〉, 〈스마트 걸〉 등이 있습니다.

설민석의 한국사 대모험

대모험 32

세조 편
뒤바뀐 왕관

설민석의 한국사 대모험을
시작하며…

안녕하세요?

지난 20여 년간 역사를 공부하고 전달해 온 설민석입니다.

2017년 〈설민석의 한국사 대모험〉이 처음 출간된 이래로, 대한민국 미래를 이끌어 갈 어린이들에게 우리 역사를 제대로 알리고자 힘껏 달려왔습니다. 그동안 보내 주신 뜨거운 관심과 응원 덕분에 지금까지 이러한 노력이 이어지고 있습니다.

역사는 왜 알아야 할까요? 아주 오래 전에 살았던 인물들, 일어난 사건들, 일부러 찾지 않으면 볼 일이 없는 문화유산들은 나와는 아무 상관없는 과거의 이야기일 뿐일까요? 저는 그렇게 생각하지 않습니다. 우리 선조들은 역사 속에서 우리에게 도움이 되는 많은 메시지를 전하고 있기 때문입니다. 선조들이 걸어온 길을 되짚어 보면서 우리에게 필요한 지혜와 교훈을 발견할 수 있습니다. 그 순간, 역사는 지나간 과거의 일이 아니라 현재를 사는 나에게 지침이 되는 소중한 선물로 다가옵니다.

그런 선물 같은 순간을 드리기 위해 〈설민석의 한국사 대모험〉이 시작되었습니다. 이 책은 어쩌면 어린이들이 처음 접하는 한국사 책일 것입니다. 한국사에 대한 첫인상이 이 책으로 결정될 수도 있는 것이지요. 그렇기 때문에 최대한 쉽고, 재미있고, 유익하게 만들었습니다. 이 책으로 인해 한국사가 이렇게 재미있다는 것을 느끼기만 해도, 우리가 함께하는 한국사 대모험은 성공입니다.

어린이 독자 여러분, 그리고 학부모님!
이제 저와 함께하는 한국사 시간 여행에 편하게 몸을 맡겨 보세요.
우리들의 친구 평강, 온달, 그리고 귀여운 강아지 로빈까지!
같이 시간의 문을 열고 과거로 날아가, 찬란한 역사 속에 선조들이 남긴 지혜의 발자취를 따라가 봅시다.

나는 너희에게 강요하지 않겠다. 싸우지 않을 자들은 가라!
대장부가 이 세상에 태어나 한 번 죽느라면 사직에서 죽는 것이다.

- 〈연려실기술〉 세조 잔남조냐

설쌤과 한국사 대모험 즐기기

1 '시간의 문'을 열고 한국사 대모험 속으로 빠져들어요!

온달을 역사 천재로 만들기
위해 시간의 문을 열고
한국사 여행을 하는 설쌤 일행!
시간 여행을 통해 한국사의
주요 장면을 직접 겪는 듯
생생하게 즐길 수 있습니다.

2 '설민석 선생님의 한국사 더보기'로 한국사 지식을 쌓아요!

대한민국 1등 한국사 선생님,
설민석 선생님과 함께하는
'설민석 선생님의 한국사 더보기'!
만화를 보며 궁금했던
이야기들을 가득 담았습니다.

신나는
한국사 대모험을
함께 떠나요!

③ 다양한 배경지식으로 한국사의 깊이를 느껴요!

'온달과 평강의 한국사 Q&A',
'로빈이와 함께 보는 우리
문화유산' 등 만화 속 주제와
관련 있는 다양한 한국사
이야기를 재미있게 풀었습니다.
부록을 통해 재미있고
유익한 한국사 지식을 함께
나눠 보아요!

④ 한국사 핵심 20문제를 풀며 실력을 확인해요!

학습 내용을 확인하는
기본 문제는 물론 한국사능력
검정시험을 미리 체험할 수
있는 문제를 통해, 응용 능력과
해결 능력을 키우고 시험에
도전해 보세요!

설쌤

고구려의 태학 박사로 한국사에 대한 애정이
누구보다 뜨거워요. 거듭되는 시간 여행을 통해
성장하는 온달을 보며 뿌듯해하지만,
늘 설쌤 앞에는 또 다른 과제들이 쌓여 갑니다.

온달

따뜻한 마음에 밝고 명랑한 성격을 가졌어요.
한글을 누가 창제했는지도 모르던 역사 바보였지만,
설쌤, 평강과 함께 역사 여행을 다니며 누구보다
역사를 사랑하는 어린이이자 의젓한 부마로
성장하고 있답니다.

로빈

애교 많고 귀여운 성격의 강아지예요.
설쌤과 평강, 온달을 위해서라면
위기의 순간에서도 뛰어난 기지를 발휘하지요.
타임 드래곤이 나타나면 코가 빨개져요.

평강

역사 여행을 통해 한층
더 성숙해진 고구려의
공주입니다. 온달을 향한
애정도, 한국사에 대한
관심도 많지만 급한 성격
때문에 가끔 소동을
일으키기도 해요.

서리

중국 유학을 마치고 돌아온
설쌤의 또 다른 제자예요.
설쌤의 제안으로 시간 여행에
함께하게 되지요.
잘생긴 외모와
뛰어난 의술을 겸비한
서리의 활약을 기대해 볼까요?

세조(수양 대군)

조선의 일곱 번째 왕이에요.
조카인 단종을 몰아내고
왕좌를 차지했어요.
세조는 왜 왕이 되고 싶어 했는지,
왕이 된 뒤에는 나라를 어떻게
다스렸는지 함께 살펴볼까요?

차례

다시 고구려로

이제 네 코의 능력이 강해졌으니, 타임 드래곤의 흔적을 찾아낼 수 있을 것이다.

로빈!

다만….

타임 드래곤은 원래 제멋대로인 데다가 장난이 심하지. 그를 만난다 해도 순순히 너희를 도와줄지 모르겠구나.

어쩌죠, 설쌤?

타임 드래곤을 만나면 어떻게 송곳니를 얻을지 고민해 봐야겠구나.

제가 있는데 무슨 걱정이세요!

타임 드래곤을 다시 만나면 제가 잘 설득해 볼게요. 제가 또 설득의 왕이잖아요!

언제부터?

외면

설득 못 하면?

그때는 바로 올가미를 확 던져서 송곳니를 뽑아 버려야지!

그래,
너라면 가능할지도
모르겠구나.

네? 그게 무슨
말씀이신가요?

차차 알게
될 것이다.

나는 이제
돌아가야겠다.
행운을 비마.

감사합니다,
문무 대왕님.

후유~,
막상 진짜 용을 보니
긴장했어요.

그러게 말이다.
돌아가서
좀 쉬어야겠다.

끄애 액

헉,
설마?!

지니가 지금
오리랑 대화하는
거 맞지?

응, 갑자기
웬 오리가
나타나…?

지금 바로
올라오라고요?

꽥

꽥

조금만
더 있다 가면
안 될까요?

꽥

아,
알겠습니다.

어쩌죠?
저는 하늘로
돌아가야겠어요.

네?

그래,
하늘에서 전령을
보내셨구나.

옛사람들은 오리가 하늘과 땅, 그리고 저승을 오갈 수
있다고 믿었단다. 하늘에 소원을 빌기 위해 솟대를
세울 때도 꼭대기에 오리 모형을 달았지. 그런데 정말
하늘에서 오리가 내려와 말을 전하다니 놀랍구나!

더 도와드리고
싶었는데,
죄송해요.

죄송하긴,
그동안
고마웠다.

그나저나
앞으로 시간 여행을
어떻게
해야 하나….

설쌤, 잠깐 마법 분필을 줘 보실래요?

여기….

지금 마법 분필을 부순 거예요?

멈춰요! 그럼 우린 집에 어떻게 가라고요?!

잠깐만, 거의 다 됐어!

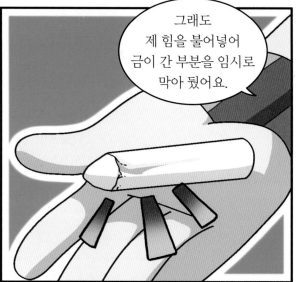

1화

가자, 용의 나라로!

타임 드래곤의 송곳니를 찾아
용의 나라, 조선으로 떠나는 설쌤 일행!
그런데 역사 터널 속에서 갑자기 로빈이
어디론가 뛰어갑니다.
로빈을 따라 도착한 사냥터에서
설쌤 일행은 한 무리의 사람들과 마주치는데요.
과연 그들의 정체는 무엇일까요?

**생각해
보아요**
· 어린 왕, 단종에 대해 알아봅시다.
· 수양 대군과 계유정난에 대해 살펴봅시다.
· 압구정에 대해 알아봅시다.

고구려

네? 그게 무슨
말씀이세요?

저 보고
떠나라니요?

설마, 제가 지난번에
붙잡힌 것 때문에 그러시는
거예요? 방해될까 봐?

그, 그게 아니야.
내 말 좀
들어 보거라!

그런 게
아니라….

설쌤, 제발
절 버리지
마세요!

큼큼, 너에게 따로 맡길 중요한 일이 있어서 그런 거란다.

중요한 일이요?

태학장님께서 자신을 도와줄 사람을 보내 달라고 하셨어. 그래서 너를 추천했단다.

하지만…, 저는 온달이 형이랑 평강이 누나랑 같이 있고 싶어요.

나도 솔개 너랑 함께하면 좋지.

형!

그런데 난 네가 갔으면 좋겠어.

대체 왜?

나도 태학장님과 같이 지낸 적이 있어. 그때 정말 많은 걸 배웠거든. 분명 너한테도 큰 도움이 될 거야.

알겠어. 형이 그렇게 말한다면 다녀올게.

끄덕

나만 당할 순 없지. 너도 고생 좀 해 봐라.

끙…, 끄응….

파리가 미끄러질 정도로 깨끗하게 닦아야 한다.

며칠 뒤

솔개가 잘 해내겠죠?

그럴 거다.

누군지 몰라도 엄청 잘생겼네.

이제 우리도 돌아가자.

아, 배고파.

설쌤!

설쌤, 이 분은 누구…?

아, 너희는 처음 보겠구나.

처음 뵙겠습니다, 공주님.

안녕하세요?

나는 무시하는 건가? 역시 맘에 안 들어!

이쪽은 내 제자, 서리란다. 내 소개로 중국으로 유학을 다녀왔지. 서리야, 공주님과 온달이에게 인사하거라.

다소곳

여기서 이럴 게 아니라 같이 밥이라도 먹으면서 천천히 이야기하자.

밥?

빨리 가요!

쌩~

온달아, 천천히 먹어. 그러다 체하겠어.

걱정 마! 난 살면서 지금까지 단 한 번도 체한 적이 없거든!

이런 느낌 처음이야. 이게 체했다는 건가….

온달이가 체하다니…, 그동안 무리하긴 했나 보구나.

제가 좀 살펴봐도 될까요?

뭘 하려고…?

설마 그 침으로 날 찌르려고? 잠깐, 너 자격증 있어?

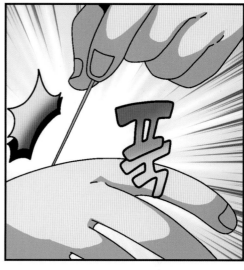

으아아악!

온달아, 괜찮아?

이제 괜찮아질 겁니다.

어? 진짜네? 체한 게 쑥 내려갔어.

이제 더 먹을 수 있겠다!

즉등히 흐라! (적당히 해라!)

의술도 배운 것이냐?

네, 관심이 생겨서 틈틈이 익혔습니다. 설쌤도 좀 봐 드릴까요?

그동안 여기저기 돌아다녔더니 몸이 쑤시고 결렸는데, 이제야 살 것 같다!

네 의술이 정말 뛰어나구나!

과찬이십니다. 아직 한참 더 배워야 하는걸요.

그래!

서리야, 혹시 중국보다 더 큰 세상에서 공부해 볼 생각 있니?

중국보다 더 큰 세상이요? 그런 곳이 있다면 마다할 이유가 없죠!

빤

짝

…그래서 이제부터 서리가 우리와 함께하기로 했다.

잘 부탁드립니다.

전 반대예요.
우리 모험에 아무나
끼워 줄 순
없다고요.

난 찬성!
그리고 나이도 같은데
말 편하게 해~.

뭐?
평강이 네가
어떻게….

이번에 너
체한 거 낫게 해 준
사람이 누구지?

그래, 맞다.
서리의 의술이 분명
우리에게 도움이 될 거야.
그리고….

그동안 중국과 고구려 사이의 공간을 이동해 공부했던 서리가 시간을 이동해 공부한다면, 분명 역사에 길이 남을 명의가 될 거다.

그럼 병으로 고통받는 고구려 백성들에게도 큰 도움이 되겠네요.

이렇게 됐으니 2 대 1이야. 포기하지 그래?

아직 아니야. 로빈이 의견도 물어봐야지!

너 참 귀엽게 생겼구나.

다들 미워!

이제 출발해야겠다.

난 분명 반대라고 했는데….
평강인 또 뭐가 좋다고 저렇게 웃고 있는 거야?

설쌤, 그런데 타임 드래곤을 찾으러 이번엔 어디로 가야 할까요?

뭐, 용을 찾아야 하니까 용의 나라로 가면 되겠네.

그런 나라가 어딨어?!

아니, 온달이 말도 일리가 있구나.

정말 용의 나라가 있다고요?

일단 우리 역사 중에 짐작 가는 곳이 있으니 가 보자꾸나.

저, 잠깐만요.

용의 나라요? 거긴 새로 생긴 나라인가요? 걸어가나요, 아님 배를 타고 가나요?

하하하, 그러고 보니 서리는 시간 여행이 처음이구나. 일단 가면서 이야기해 주마.

가자, 용의 나라로!

앗, 뭘 하시는 거지?

흥, 시간 여행 초보는 조용히 따라오라고~.

*세종 때 훈민정음으로 만든 첫 번째 책, 〈용비어천가〉의 1장에 나오는 구절.
조선을 세우는 데 큰 공을 세운 왕실의 여섯 조상을 용에 비유함.

*거사 큰일을 일으킴.

혹시…, 올해가 무슨 해입니까?

살려 주십시오. 저희가 그동안 깊은 산속에 살아 세월 가는 걸 몰라서 그런 겁니다.

너희 정체가 무엇이냐? 올해가 계유년*인 것도 모른다고?

계유년에 거사라니…, 오늘이 계유정난이 일어나는 날이구나.

그나저나 수양 대군이 타임 드래곤이라고…?

*계유년 여기서는 1453년을 가리킴.

무슨 생각을 하느냐?

일단 위기를 넘기고 보자. 수양 대군이 듣기 좋아할 만한 말을 해야지.

제가 관상*을 볼 줄 아는데 나리의 얼굴이 왕의 상이라 놀라서 그랬습니다.

왕의 상이라….

그것참 귀가 솔깃해지는 이야기구나.

그럼 어디 한번 내가 왕이 되는 걸 지켜보겠느냐?

*관상 사람의 얼굴을 보고 그의 성격, 수명 따위를 판단하는 일.

이게 다
무슨 일이래요?
저 사람은
누구고요?

저 사람은
수양 대군이야.
세종 대왕님의
아들이지.

저렇게
사나워 보이는 사람이
세종 대왕님의
아들이라고요?

그래,
둘째 아들이란다.

둘째라면…,
왕이 될 수 없지 않나요?
왜 자신이 왕이 된다고
하는 거죠?

맞아. 세종 대왕님께서
돌아가신 뒤에 왕이 된
사람은 바로 첫째 아들인
문종이었어.

문종은 아버지를 닮아
지혜와 덕이 뛰어났어.
그래서 훌륭한 왕이 될 거라는
기대를 모았지만, 몸이
너무 약했단다.

문종은 죽기 직전, 자신이 아끼던 신하들을 불렀어.

문종, 조선의 다섯 번째 왕

그대들이 어린 세자를 잘 돌보아 주시오.

전하…, 어찌 그런 말씀을 하십니까. 곧 다시 일어나실 겁니다.

김종서

황보인

툭

아바마마!

그 후, 문종의 아들인 단종이 왕이 되었지. 나이가 어렸던 그는 신하들에게 의지해야만 했어.

단종, 조선의 여섯 번째 왕

전하, 이번에 새로 뽑는 관직의 후보들입니다. 한 명을 선택해 주십시오.

흐음….

노란 표시가 있는 이자로 정하면 되겠구나.

수양 대군의 집

김종서가 자신의 세상인 양 날뛰는 꼴을 더는 참을 수 없네.

대군께서 왕위에 오르셔야 합니다. 지금의 왕은 너무나 약합니다.

한명회

하지만 그게 내 뜻대로 되는 것도 아니고···. 명분이 필요하지 않겠나.

제게 생각이 하나 있습니다.

그게 뭔가?

우선 김종서부터 제거하시지요. 그가 역모를 꾸몄다 하고 없애는 겁니다.

옳거니! 내 당장 사람을 모아야겠네.

49

내 대감에게 전할 편지가 있습니다.

무슨 편지길래 이리 직접….

힐끔

끄덕

에이

지금 뭐 하는-

드디어
눈엣가시 같던
김종서가 사라졌구나.
이제 이 조선은 다시
왕의 나라가
될 것이다.

궁궐로
가자!

네!

어떤가?
아직도 내가 왕이
될 상 같은가?

대답할 필요 없네.
내가 왕이 되는 건 관상 같은
허무맹랑한 이야기가 아니라
명백한 사실이니까.

이럴 수가!

너무
잔인해.

이건
계유정난의
시작일 뿐이란다.

자자,
어서 움직여!
아직 할 일이 한참
남았다고!

경복궁

자, 어서
들어가십시오.

나…,
나?

궁궐 안

이게 무슨….

어디 보자~.
대감께서는….

들어가시지요.

고, 고,
고맙습니다….

수양 대군을 옆에서 돕던
한명회는 직접 죽일 사람과
살릴 사람의 명단을
만들어 김종서 쪽 신하들을
모두 없앴단다.

말도
안 돼….

어떻게 이런
끔찍한 짓을 하는
사람이 왕이
되겠다는 거죠?

읍…읍…

온달아,
진정해! 이러다
진짜 큰일 난다.

빤히!

이번에 자네의 공이 컸네. 내 잔 받게.

감사합니다.

그런데…, 사냥터에서 데려온 이들 말입니다.

그들이, 왜?

아무래도 예사롭지 않습니다. 마치 다른 세상에서 온 것 같달까요?

하긴, 내가 누군지도 잘 모르면서 얼굴만 보고 왕이 될 상이라 하지 않았나! 분명 신통한 능력이 있어.

만약…,
그 신통력으로
날 해치려
한다면…?

어쩌시려고
그러십니까?

내 편이 될 게 아니라면,
차라리 없애는 게 낫지.

제가 알아보겠습니다.
우리 편이 될지 아니면…,
적이 될지 말입니다.

그걸
어찌 알 수 있단
말인가?

그야 시험을
해 보면 되지요.

아, 왜 우리 보고 어린 왕을 감시하라는 거야?

글쎄다. 한명회 그자는 꾀가 많기로 유명하니, 분명 이유가 있을 텐데….

그래도 다행이에요.

이렇게 끔찍한 일에 얽히게 되었는데 다행은 뭐가 다행이야!

로빈이가 수양 대군을 보며 짖었잖아. 우리가 찾는 타임 드래곤의 단서가 분명 수양 대군에게 있을 테니, 곁에 있어야지.

흥, 말도 안 돼. 그런 자가 용일 리 없다고!

어린 단종의 정치, 황표정사

문종이 왕위에 오른 지 2년 만에 세상을 떠나자, 그의 아들 단종이 열 살이라는 어린 나이에 왕의 자리를 이어 받았지요. 단종이 왕이 된 뒤, 나라의 상황은 어땠는지 함께 알아볼까요?

단종과 황표정사

문종은 세상을 떠나기 전, 김종서와 황보인 등 아끼던 신하들에게 어린 단종을 잘 도와달라고 부탁했어요. 나라를 다스리는 일에 경험이 없고, 권력을 장악하지도 못한 단종은 이들에게 의지할 수밖에 없었지요.

김종서를 비롯한 신하들은 단종에게 관리를 뽑는 문서를 올릴 때, 여러 후보 중 미리 정한 인물에 '노란색 표시(황표)'를 해 놓았어요. 그러면 단종은 그들의 뜻에 따라 표시된 인물을 선택했지요. 이를 '황표정사'라고 하는데

요. 당시 단종이 신하들에게 많이 의지해야 했던 상황을 잘 보여 주는 예이지요.

수양 대군의 불만

그런데 시간이 갈수록 문제가 생겼어요. 단종이 신하들에게 의지하다 보니, 김종서와 황보인 등의 권력이 지나치게 강해졌거든요. 단종은 물론이고 왕실 사람들은 이런 정치 상황이 걱정되었어요. 단종은 숙부인 수양 대군에게 도움을 청했고, 수양 대군은 이를 반기며 자신이 단종을 더 가까이에서 보필하겠다며 김종서를 견제하기 시작했지요.

계유정난을 일으킨 수양 대군

평강아, 수양 대군은 왜 단종을 모시던
신하들을 죽였을까?

온달

왕을 보호하고, 왕권을 강화하기 위해서였다고 했지만
속뜻은 따로 있었지. 어디 한번 들어 볼래?

평강

보통 어린 나이에 왕이 되면 그 어머니나 할머니가 성인이 될 때까지 정치를 돕는데, 단종은 어머니와 할머니 모두 일찍 여의었어. 그래서 단종의 앞날을 걱정한 문종은 정치 경험이 많은 김종서와 황보인 등 신하들에게 단종을 잘 보살펴 달라고 유언을 남겼지. 단종을 돕던 김종서와 황보인은 황표정사로 막강한 권력을 쌓았어. 수양 대군은 왕권이 약해지고, 자신의 지지 기반도 줄어들자 불만을 가졌어. 한명회를 가까이하며 본격적으로 자신의 세력을 키우고, 결국 계유정난을 일으켰어. 김종서, 황보인 등이 안평 대군(세종의 셋째 아들이자, 수양 대군의 동생)을 장차 왕으로 만들려 했다고 누명을 씌워 죽이고, 안평 대군도 강화도로 유배 보냈다가 죽였어. 자신을 반대하는 이들은 왕의 명령이라며 궁궐로 불러들여 모조리 없애기도 했지. 수양 대군은 왕을 보호한다며 조카인 단종을 안심시켰지만, 곧 숨겨 뒀던 야심을 드러내기 시작해. 바로 자신이 왕이 되고자 했던 거야.

어린 단종은 자신이 의지하던 신하들을 모두 잃고, 궁에서 숨죽이며 수양 대군의 눈치를 봐야 했단다.

나를 경계하는
이들이 모두
사라졌으니 이제
내 세상이구나!

한명회의 정자, 압구정

오늘날 서울시 강남구에 위치한 압구정동은 수양 대군을 도와 계유정난을 일으킨 한명회가 지은 정자 이름에서 유래했어요.

한명회는 늦은 나이에 간신히 궁궐을 지키는 하급 관리가 되었지만, 정치적인 상황을 판단하거나 사람을 꿰뚫어 보는 능력이 있었어요. 출세할 기회를 살피던 한명회는 왕이 되고 싶어 하던 수양 대군의 야심을 파악하고 그에게 접근했어요. 수양 대군의 눈에 든 한명회는 그를 도와 계유정난을 일으키고, 두 딸을 왕비로 만들어 막강한 권력을 누렸지요.

훗날 관직에서 물러난 한명회는 한강 근처에 정자를 짓고, 자신의 호를 따 '압구정'이라고 이름 붙였어요. '압구'란 갈매기와 벗으로 지낸다는 뜻이에요. 한명회는 정치를 떠났다고 했지만, 벼슬을 부탁하려는 수많은 사람들로 압구정은 항상 북적였어요.

한명회가 죽은 뒤, 압구정은 여러 번 주인이 바뀌었다가 헐려서 지금은 남아 있지 않아요. 하지만 조선 후기의 화가인 겸재 정선이 그린 그림을 통해 그 모습을 짐작할 수 있답니다.

겸재 정선이 그린
〈압구정도〉

©Wikimedia

한명회의 공적이 적힌,
한명회 선생 신도비

©국가유산청

2화
잃어버린 왕좌

어린 단종에게 안타까움을 느끼며
그와 가까워진 온달!
단종은 수양 대군의 압박에 못 이겨
결국 왕좌를 넘겨줍니다.
온달은 단종을 다시 왕좌에 올리려는
신하들의 계획에 함께하기로 하는데요.
그런데 거사 당일, 궁궐을 살피던 온달이
창고에 갇히고 맙니다.
온달을 가둔 사람은 과연 누구일까요?

**생각해
보아요**

• 단종 복위 운동에 대해 살펴봅시다.
• 사육신과 생육신을 알아봅시다.
• 서울 원각사지 십층석탑을 살펴봅시다.

아바마마, 제가 의지하던 신하들은 모두 죽었고, 숙부*인 수양 대군이 저를 지켜 준다고 하지만 이 역시 믿기 어렵습니다.

이 넓은 궁궐에 제 편은 하나도 없습니다.

어린 나이에 왕이 되고 큰일까지 겪었으니, 충격이 크겠지.

아직 어린데 외톨이가 되다니 안타까워요.

누구냐!

*숙부 아버지의 남동생을 이르는 말.

너희는 숙부와 함께 궁궐에 들어온 자들이구나.

네, 전하를 모시라는 명을 받았습니다.

모신다···, 감시가 아니라?!

전하! 저는 전하 편입니다.

내 편이라고···?

저는-

왜 말을 하다 말고 소리를 지르는 게냐?

아악

병이 있어 가끔 헛소리를 하니 신경 쓰지 않으셔도 됩니다.

참으로 괴이하구나.

온달아, 괜찮아? 너 갑자기 왜 이래?

괜찮아. 침으로 잠깐 마비시킨 것뿐이야.

침?

너 나한테
무슨 짓을 한 거야!

그러는 너는
뭐 하는 건데?!

지금 수양 대군의
부하가 우릴
감시하고 있다고!

뭐?
어디?

눈치챘나 보군. 제법인데?

우리가 누구 편인지 알아보기 위해 전하를 감시하라 시킨 거구나.

들었지? 너 때문에 우리 모두 위험에 빠질 뻔했어!

온달아, 계유정난은 이미 일어난 일이란다. 너무 괴로워하지 말거라.

하지만…, 전하께서 너무 불쌍하신걸요.

그렇다면 온달이 네 방식으로 전하를 위로해 드리렴.

제 방식이요?

밤이 되니 더 조용하구나….

이게 무슨 소리지?

그걸 왜 이쪽으로 던져?! 앗, 뜨거워!

잠시만요!

휴, 이제 다 식었어요. 어서 드셔 보세요.

날 주려고 밤을 구웠단 말이냐?

그럼요.

왜…?

군밤이
얼마나 달달하고
맛있는데요.

우울할 때
단 걸 먹으면 기분이
좋아지거든요.

어때요?
맛있죠?

맛있구나,
고맙다.

히히, 그렇죠?
그럼 이제 나도
먹어야겠다~.

이제?
여태껏 맛본다고
먹은 밤은 뭔데?
저 밤껍질 좀 봐!

허허,
온달이답구나.

저런 게 무슨 의미가 있죠?
타임 드래곤을 찾는 데
아무 도움도 안 되잖아요.

그게 바로 온달이란다.
자기에게 아무 이득이
없어도, 남을 돕는 데
절대 망설이지 않지.

저런 따뜻한
마음이야말로
온달이의 가장
큰 힘이야.

서리 너도
같이 먹지
그러니?

아뇨,
전 괜찮아요.

1455년

내 조카인 상왕*께서 나에게 국왕 자리를 맡아 달라 부탁하셨다. 나는 무거운 책임감을 느끼고, 눈물을 흘리며 이를 수락하였다.

세조(수양 대군), 조선의 일곱 번째 왕

상왕께서 물러나실 때까지 엄청 괴롭혀 놓고선!

그렇게 말일세. 상왕과 친한 사람들을 모두 내쫓고 귀양 보내지 않았던가!

*상왕 자리를 물려주고 물러난 임금을 이르는 말. 여기서는 단종을 가리킴.

헉!

무슨
소리지?

슬퍼하지 말거라.
내가 능력이 부족하여
물러나는 것뿐이다.
조선은 앞으로 더욱
발전할 것이다.

온달아,
그만 울거라.

전하께서
창덕궁으로
쫓겨나시는데,
어떻게
안 울어요.

계유정난이 일어난 날, 난 이미 이렇게 될 줄 알고 있었다.

내 욕심 때문에 지금껏 버텼던 것뿐이지.

덤 덤

그때 네가 줬던 군밤 덕분에, 지금껏 궐 안에서의 힘든 시간을 버틸 수 있었단다. 고맙다.

전하….

꼬 옥

쿰 쿰 쿰

궐 안은 잔칫날인데 여긴 아주 초상날이네?

왈왈

평강아, 들어가자.

너무 나서지 않는 게 좋을 거야. 여기서 일어나는 일은 여기 사람들에게 맡겨야지.

스윽

뭐라고 하는 거야~!

흥~

설마…, 아니겠지….

그동안 어린 내 조카를 돌보느라 고생이 많았네. 이젠 내 밑에서 나를 돕도록 하게.

네, 감사합니다.

그런데…, 그 온달이라는 아이는 어디 갔는가?

아, 그게 하필 오늘 배탈이 나서 뒷간에서 못 나오고 있지 뭡니까~. 하하하하!

그래도 내가 부르는데 빠지다니….

흥, 내가 거길 왜 가?

상왕 전하는 잘 계실까?

아 련

상왕 전하를 다시 복권*시켜야 합니다.

복권? 여기도 로또가 있나?

수양, 저 악독한 자를 쫓아내야만 하오.

왜

*복권 잃어버린 권력과 세력을 다시 찾음.

상왕 전하께서 왕위에 오르시던 날, 나는 어린 전하를 끝까지 지켜 드릴 것이라고 다짐했소.

성삼문

겯연

나 역시 그러하오. 내 목숨이 끊어진다 해도 그 다짐을 지킬 것이오.

박팽년

주룩

저도 마찬가지입니다.

저 역시 그러합니다.

우리 목숨을 바쳐서라도, 상왕 전하를 다시 경복궁으로 모셔 옵시다.

상왕 전하를 다시 왕으로? 자기 목숨을 버릴 각오까지 하다니….

그것이 바로
의리지.

까짝

설쌤,
간 떨어질 뻔했잖아요!
그런데 의리라니요?

저들은 문종에게
세자를 잘 지키겠다고
약속했어. 그 약속을
지키려 하는 거야.

게다가
지금의 왕은
명분이 없어.

세조가
김종서와 황보인을
제거할 수 있었던 것은,
그들이 역모를 꾸미고
있다는 명분이
있어서였어.

하지만 단종을 내쫓을 때는 아무 명분이 없었지. 결국 스스로 왕위에 욕심이 있었다는 걸 증명한 거야. 의리와 명분을 목숨보다 소중히 여기는 이 시대 사람들은 받아들이기 힘든 일이지.

의리와 명분….

곰

곰

일단 어서 돌아가자. 온달이 네가 안 와서 세조가 화가 많이 났어.

알겠어요.

우리와 뜻을 함께하는 이들이 더 많아야 할 텐데….

온달이 너…, 설마 저기 끼려는 건 아니지?

쏠깃

의심

에이~, 무슨 말씀이세요. 걱정 마세요.

창덕궁

아직 나를 지키고자 하는 이들이 있다니 너무도 감격스럽소. 부디 이 칼로 조선을 바로 세워 주길 바라오.

염려 마십시오. 기필코 성공하겠습니다.

부디 그때까지 몸조심하십시오, 전하.

온달이, 너도 왔구나!

그럼요. 저도 의리에 죽고 의리에 사는걸요!

의 리

곧 명나라 사신들을
대접하는 연회가 열리네.
왕과 한명회를 비롯한
역적들이 모두 모일 테니,
그때를 노려야 하네.

좋소. 왕을 호위하는
군사들이 우리와 뜻을
함께하니 이보다 더
좋을 순 없소이다.

저기…,
저는 뭘 하면
될까요?

너는 궐 안에서
수상한 움직임이 보이면
알려 주거라.

네,
맡겨 주세요.

오늘 명나라 사신들을
모시는 연회가 열리는 거 알지?
잘 준비하도록 하거라.

네, 알겠습니다.

아,
맛있는 냄새~.
수라간에 몰래
가 볼까?

안 돼! 정신 차리자.
오늘은 중요한 날이잖아.
의리를 지켜야지.
의~리!

무슨 일이 없는지
내가 잘 살펴야
한다고.

온달아!

꿀떡
먹을래?

꾸, 꿀떡?!

아, 아냐.
난 괜찮아.

그래?
진짜 맛있는데,
내가 다
먹어야지~.

자, 잠깐!
한 입만!

탁

탁

탁

어? 문이 왜 닫히지?
서리, 네가 여기 왜 있어?

미안하지만,
넌 여기 잠깐
있어야겠어.

뭐? 평강아,
이게 어떻게
된 거야?

온달아,
미안해.

너희들…,
내가 뭘 하려는지
알고 있구나?

난
지금 나가야 해.
내보내 줘.

안 돼. 우리가
여기 왜 온지
잊어버린 거야?

어서 타임 드래곤을 찾아 고구려로 돌아가야지. 왜 자꾸 여기 일에 끼어드는 거야!

그렇다고 상왕 전하를 못 본 척할 수 없어. 설쌤도 이해하실 거야.

미안하지만 이건 내가 지시한 일이란다.

설쌤마저 저를 말리시는 거예요?

네가 끼어들면 단종을 복위*시키려는 계획이 성공할 수도 있거든.

그 말은…, 그럼 계획이 실패했다는 말씀이세요?

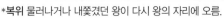

*복위 물러나거나 내쫓겼던 왕이 다시 왕의 자리에 오름.

그래, 그렇단다.
난 네가 역사를 바꿀까 봐
말리려는 거야.

아…, 안 돼요.
모두에게 알리고
멈춰야 해요.

안 돼!

비켜!
난 나가야 해!

휴~, 이제 좀
조용해지겠네.

출입금지

그럼 나는
좋은 구경하러
가 볼까?

어? 아무래도
밖에서 누가 문을
잠갔나 봐요.

누구지?

안 돼…,
나가야 해.

온달이가 충격이 큰 것 같네.

설쌤, 궁금한 게 있어요.

계획이 왜 실패했냐고?

네….

사실 계획한 날까지 다들 성공을 확신했어. 그런데 문제가 생겼단다.

네?
호위 군사들을
빼라고요?

그래,
연회장이 좁으니
군사들은 없어도
될 것 같네.

게다가
연회장에서 누가
날 노리겠는가,
하하하!

자신만만

그야말로 하늘이
세조를 도왔다고밖에
볼 수 없는 일이었지.

쿵

결국
거사가 미뤄지자,
불안해하던 자가
이 일을 세조에게
알렸단다.

하

하

하

전하,
연회 날 역모를
꾸민 자들이
있었습니다.

세조는 곧 성삼문과
박팽년을 비롯해 관련된
이들을 잡아들이고 죄를
따져 물었지.

감히 너희가 나를
몰아내려고 하다니!
내 왕좌를 도둑질해
누구에게 넘기려던
것이냐!

지, 지금
웃는
것이냐?

하
하
하

틀린 말을 하시니
웃음이 나는군요.

네 이놈 성삼문! 내가 대체 무엇이 틀렸단 말이냐!

왕좌를 도둑질한 것은 나리십니다. 저희는 그것을 바로잡으려 했을 뿐이고요.

나, 나리?! 네가 지금 내게 전하가 아니라 나리라고 부른 것이냐!

제가 모시는 전하께서는 창덕궁에 계십니다. 제 눈앞에 있는 건 그저 도둑질을 잘한 나리일 뿐이지요.

이렇게 고약한 놈이 있나! 네놈이 그렇게 생각했다면 지금까지 내가 내려 준 쌀은 왜 받은 것이냐!

아~, 나리께서 주신 그 쌀 말입니까? 우리 집 창고에 가 보십시오. 한 톨도 먹지 않고 그대로 두었습니다.

성삼문의 말이 사실입니다. 창고에 쌀이 그대로 있었습니다.

박팽년, 네가 충청도 관리로 갔던 때를 기억하느냐?

그때 나에게 보내는 문서에 분명 '신하 신(臣)' 자를 써서 보냈다.

네가 나의 신하라는 걸 스스로 인정해 놓고, 이제 와서 반역을 저지른 것이냐!

다시 한번 그 문서를 찾아보십시오. 나는 그런 적이 없으니까 말입니다.

나는 '신하 신(臣)' 대신 '클 거(巨)'를 썼소이다. 어찌 그것 하나 알아보지 못한단 말입니까, 하하하!

이 괘씸한 자들을 모두 없애라!

결국 관련된 신하들은 모진 고문을 받고 죽임을 당했어. 단종은 영월로 유배를 갔고, 얼마 뒤 세조에게 사약을 받아 숨을 거두었단다.

아무래도 지금은
타임 드래곤이 보이지
않으니 다른 때로
가 보자.

온달아,
괜찮아?

응….

온달아,
너무 슬퍼하지
말거라.

이 목소리는…?
상왕 전하?

1467년

여긴 청계천이구나.

에구머니나!

종소리가 들려요! 그나저나 이제 어디로 가죠?

뎅~

!

청계천에서 들릴 만한 종소리라면….

저 종소리를 따라가 보자.

우아, 이렇게
높은 석탑은 처음 봐!
1층, 2층, 3층…,
10층이나 되네!

이곳은
원각사라는
사찰이란다.

그런데
조선 시대에는
유교를 따르고
불교를 억제했다고
하지 않았나요?

맞아요.
어떻게 한양
한가운데 이렇게
큰 절이 생겼죠?

너희가 알고 있는 것처럼
조선은 유교 국가였단다.
그래서 세종 대왕님께서도
절을 지으려고 할 때마다 신하들의
반대에 부딪혔지.

아니 되옵니다,
전하.

내 한양에 원각사라는
절을 지으려 하오.

하지만 지금은 세조의
말에 반대할 만한 간 큰 신하들이
남아 있지 않단다. 그래서
세조는 자신의 뜻을 마음껏
펼칠 수 있었어.

네, 전하.

아니, 이게
누구인가!

저, 전하.

내 그대들을
계속 찾았는데
그동안 어딜 갔다
온 겐가?

그러고 보니 얼굴이
예전과 그대로이군.

그, 그것이
제가 고운 피부를
타고나서요.

하하, 그것참 부럽군.
마침 잘되었네. 석탑이
완성되어 둘러보던 참인데
함께 가세나.

네,
알겠습니다.

설민석 선생님의 한국사 더보기

단종 복위 운동의 실패

수양 대군은 계유정난으로 김종서 등 반대파들을 죽인 뒤, 높은 관직을 독차지하며 권력을 손에 넣었어요. 어린 단종은 하루하루 두려운 나날을 보냈지요.

수양 대군, 단종을 몰아내고 왕이 되다

계유정난 이후, 수양 대군은 스스로 영의정을 비롯해 높은 관직을 한꺼번에 맡았어요. 그리고 자신을 도와 계유정난을 일으킨 인물들을 '공신'으로 앉혔어요. 공신이란 나라를 위해 특별한 공을 세운 신하를 말하지요. 수양 대군은 곧이어 단종에게 왕의 자리를 내놓으라고 압박하며 진짜 속내를 드러냈어요. 이에 못 이긴 단종이 왕의 자리를 수양 대군에게 넘겨주면서 수양 대군은 조선의 일곱 번째 왕이 되었지요.

단종을 다시 왕위에 앉히려는 계획이 실패하다

세조(수양 대군)가 왕이 되자 성삼문, 박팽년 등 집현전 출신 관리들은 이를 그대로 두고 볼 수 없었어요. 뜻을 같이할 무관들을 모아 단종을 다시 왕의 자리에 올려놓기 위한 계획을 세웠어요. 하지만 이 계획은 실행되지 못했고, 함께 일을 계획했던 자의 고발로 성삼문 등은 모진 고문을 받고 죽임을 당했어요. 단종도 신분이 낮춰진 뒤, 강원도 영월로 유배를 갔어요. 단종을 다시 왕위에 올리려는 시도는 이후에도 있었어요. 단종의 또 다른 숙부였던 금성 대군 등이 계획했지만 또다시 세조에게 고발되어 단종 복위 운동은 실패하게 돼요. 결국 이 사건과 관련된 인물들이 모두 처형되고, 단종 또한 신분을 박탈당한 채 사약을 받고 숨을 거두었지요.

사육신과 생육신

온달

> 평강아, 사육신은 뭐고,
> 생육신은 또 뭐야?

> 사육신과 생육신은 단종을 향한 충절을 지킨 신하들을
> 말하는데, 어떤 차이가 있는지 함께 알아볼까?

평강

수양 대군은 단종으로부터 '선위' 받았어. 선위란 왕이 살아 있는 동안 다음 왕에게 자리를 넘겨주는 것을 말하는데, 말이 좋아 넘겨받은 것이지 빼앗은 것이나 다름없었어. 이렇게 왕이 된 세조를 지켜보던 집현전 출신의 학자들은 단종을 다시 왕위에 올리기 위해 계획을 세웠어.

그중 성삼문, 하위지, 이개, 유성원, 박팽년, 유응부 등 여섯 명의 충신을 사육신이라고 해. 말 그대로 '단종에게 충성을 지키다가 죽은 여섯 신하'라는 뜻이야. 이들은 단종을 다시 왕으로 모시는 단종 복위 운동을 계획했지만 결국 체포되지. 그들은 가혹한 고문과 회유를 받았지만 끝까지 세조를 왕으로 인정하지 않다가 처참한 죽음을 맞았어.

한편 '살아서 단종에게 충성을 지킨 여섯 신하'를 생육신이라고 해. 김시습, 원호, 이맹전, 조여, 성담수, 남효온 등은 왕위를 빼앗은 세조를 모실 수 없다며 스스로 관직을 버리고 물러났어. 이들은 평생 궁핍한 생활을 하면서도 끝까지 절개를 지켰어.

> 나는 나라를
> 도둑질한 세조의 신하가
> 될 수 없었단다.

서울 원각사지 십층석탑

세조는 지금의 서울시 종로구 탑골 공원 자리에 '원각사'라는 큰 절을 짓게 했어요.
이후 절은 헐려 없어졌지만, 절터에는 원각사를 지은 내력이 새겨진 비석과 석탑이
남아 있어요. 서울 원각사지 십층석탑을 통해 당시 원각사의 모습을 상상해 볼까요?
서울 원각사지 십층석탑은 높이 약 12미터의 탑으로, 독특한 형태와 정교한 조각 솜
씨 때문에 조선 시대 탑 중에서도 최고로 꼽혀요. 탑의 맨 아랫부분인 기단은 3단으
로 되어 있고, 용과 연꽃무늬, 삼장 법사와 손오공이 인도에서 부처의 가르침을 구
해 오는 과정이 새겨져 있어요. 탑의 몸체 부분은 3층까지는 기단 부분과 같이 '아
(亞)' 자 모양으로 되어 있고, 윗부분은 정사각형 모양을 하고 있어요. 각 층마다 불
교와 관련된 조각을 새기고, 지붕과 기둥을 표현해 마치 건물처럼 보이게 했지요.
지금은 탑을 보호하기 위해 유리로 된 보호각으로 덮여 있어요.

서울 원각사지 십층석탑
ⓒ국가유산청

탑의 몸체에 표현된 지붕과
용으로 휘감긴 기둥의 모습
ⓒ국가유산청

기단에 새겨진 화려한 조각
ⓒ국가유산청

3화

왕의 나라를 꿈꾸다

다시 세조 곁에서 머물게 된 설쌤 일행!
그들은 세조의 명으로 암행어사가 되어
함길도로 향합니다.
그리고 그곳에서 굶주림에 고통받는
백성들을 보게 되지요.
조선을 발전시키기 위한 세조의 노력에도 불구하고
백성들이 위기에 처한 이유는 무엇일까요?

생각해 보아요

- 왕권 강화를 위한 세조의 노력을 알아봅시다.
- 공신들이 활개 치며 생긴 폐해를 알아봅시다.
- 세조와 관련된 문화유산을 살펴봅시다.

경복궁

다들 왔는가. 근정전으로 가세.

전하, 잘 다녀오셨습니까?

어? 저기는!

집현전

세종 대왕님께서 학문을 연구하기 위해 세우셨던 집현전이잖아! 왜 저길 없애는 거야!

멈춰요!

온달아, 참아!
성삼문과 박팽년을
기억하지?

어떻게 잊겠어요.
역사 속 시간은 흘렀지만,
제겐 얼마 전 일인걸요.

그들을 비롯해 단종의
복위를 꾀했던 신하들이
대부분 집현전 출신이었어.
그래서 세조가 집현전을
없애 버렸단다.

게다가 집현전은
왕에게 조언을 해 주는
기관이었어.
그러니 자신의 뜻대로
일을 처리하고 싶었던
세조는 집현전이 영
못마땅했지.

결국 왕권을
강화하기
위해서였군요.

그렇단다.

근정전

전하께서 말씀하신 대로 16세 이상의 남자들은 신분에 상관없이 모두 호패를 지니도록 했습니다.

호패? 마패보다 더 센 건가?

호패는 이 시대의 신분증이란다. 상아나 나무로 만든 패에 관직과 이름, 나이, 주소 같은 개인 정보를 쓰게 했지.

앞서 태종 때 실시했다 멈춘 제도를 세조가 다시 시행했단다.

과연 그렇게 하면 군인을 뽑거나, 세금을 걷는 데 좋겠네요.

뭐, 실제로는 백성들의 반발로 잘 지켜지지 않았지만 말이다.

좋구나.
이전에 내가 말한 대로
함길도 지역에 수령들은
보냈는가?

그게…, 아직
못 하였습니다.

뭐라?!

콰

함길도는 예부터 지역의
힘 있는 자들과 그 자식들에게
수령 자리를 주었습니다. 그런데
조정에서 직접 수령을 뽑아
보낸다고 하니, 그들의 반대가
거세옵니다.

그게 무슨 해괴한 말이냐!
함길도는 조선이 아니란 말이냐!
만약 계속해서 반대한다면
군사를 보내 직접 벌할 것이라
전하거라!

네,
알겠습니다.

멋있어!

그런데 뭔가 이상해요. 제가 예전에 조선에 왔을 때는 왕과 신하들이 훨씬 더 자유롭게 의견을 나눴는데….

예전에는 대부분의 정책을 의정부라는 기관에서 논의한 뒤 왕에게 건의했지.

갑자기 부대찌개가 먹고 싶어요! 의정부 하면 부대찌개인데….

부대찌개 잘하는 곳은 대한민국의 경기도 의정부시고, 하하.

그런데 세조는 모든 정책을 의정부가 아닌, 일을 담당하는 부서에서 직접 보고받았단다.

거기다 왕과 신하가 나랏일에 대해 토론하던 경연도 없앴지.

완전 독불장군이잖아!

음~

글쎄, 그게 꼭 나쁘기만 한 걸까?

뭐?

저것 봐. 저 많은 일들을 엄청 빠르게 처리하잖아. 내가 보기엔 효율적인 것 같아.

빠르면 뭐 해! 대충 보고 엉망으로 하는 거겠지.

그렇지만은 않단다. 세조는 세종 대왕님께서 인정하실 정도로 다재다능한 인물이었거든.

제 말이 맞죠, 설쌤?

이 법전을 널리 퍼뜨려 백성들이 법의 보호를 받을 수 있도록 하라!

네, 전하.

어때? 네 생각보다 괜찮은 왕인 것 같지 않아?

아니, 별로! 저렇게 혼자 다 결정하는데 신하들이 좋아하겠어?

이리 기쁜 날을 그냥 넘어갈 수 없지. 당장 연회를 준비하도록 하라!

자, 오늘은 다들 취할 때까지 마시세. 내 취하지 않은 자에겐 벌주를 내리겠네.

알겠습니다, 전하.

다들 무서워서 억지로 신난 척하는 거겠지.

하 하 하

그렇다고 하기엔 너무 즐거워 보이는데?

실록에 따르면 세조는 왕이 된 뒤에 무려 467번이나 연회를 열었대. 술자리를 통해 신하들을 격려하기도 하고, 중요한 나랏일을 결정하기도 했지. 이 연회가 세조에겐 중요한 정치 수단이었던 거야.

깡 짜

이보게, 설쌤!

그동안 내 허락 없이 자리를 비웠으니 벌주를 받아야지.

전하, 이건 너무 많습니다만….

그래서 지금 내가 내린 술을 거절하겠다는 건가?

그, 그게 아니라….

술에 취하면 속마음이 튀어나오는 법! 내 오늘 너의 정체를 알아내고야 말겠다.

잠시만 기다려 주십시오!

그럼 네가 저 술은 마시겠느냐?

제자가 되어 스승님께서 벌 받는 걸 어찌 지켜보고만 있겠습니까! 제가 대신 그 벌을 받겠습니다.

저는 아직 어려 술을 마실 줄 모르니, 대신 변변찮지만 재주 하나를 보여 드리겠습니다.

서리야, 뭘 어쩌려고?

아니, 전하께서 내리신 술잔을 집어던지다니!

오오, 놀라운 기예로구나! 스승의 벌을 대신 받겠다고 나설 만하다.

좋아해 주시니 감사합니다.

어쩜, 저런 재주도 있네! 서리 최고!

전하, 지금 함길도에서…

오늘 연회는 여기서 끝내야겠네. 설쌤은 나를 따라오시게.

네? 함길도에서 반란의 징조가 있단 말씀이십니까?

그렇네. 특히 함길도의 힘 있는 자들은 개인 병사들까지 기르고 있어 쉽게 볼 일이 아니야.

그런데, 그 이야기를 왜 저에게…?

아직 누가 반란을 꾸미고 있는지 모르네. 자네를 암행어사로 임명할 테니 직접 함길도로 가게나. 그리고 그들의 관상을 보고, 누가 역적의 상인지 찾아내게.

그거야 거울만 보면 바로 아는, 읍….

아이, 무거워! 설쌤, 함길도는 아직 멀었어요?

대체 무슨 짐을 그렇게 많이 챙긴 거야?

설쌤, 그냥 다른 시대로 가는 게 어떨까요?

그날 보셨잖아요. 로빈이 세조에게 아무 반응도 하지 않는 걸 말이에요. 세조는 용이 아니에요.

하지만 분명 처음 왔을 때는 로빈이 세조를 보고 짖었잖아?

맞아, 그건 어떻게 설명할 건데?

로빈이 그냥 착각했을 수도 있지!

그런 건 아닐 거다.

네?

분명 로빈이 코가 붉게 반짝이는 걸 같이 봤잖니? 문무 대왕님께서 주신 능력이 나타났던 건 분명해.

그럼 왜 지금은 로빈이 세조에게 반응하지 않는 거죠?

그때 로빈이 세조를 보고 짖은 게 아닐 수도 있지.

네? 그럼 누구를 보고 짖은 걸까요?

세조 옆에 늘 있었고, 결정적인 순간마다 우리와 부딪쳤던 사람. 아마-

앗, 마을이다! 설쌤, 마을이에요! 드디어 밥을 먹을 수 있겠어!

응?
무슨 일이지?
꼭 좀비 마을
같아….

할아버지,
괜찮으세요?

으, 으….

왜 그러세요?
어디 아프세요?

음식,
음식 냄새가 난다!
먹을 거…, 먹을 거….

그럼 어서 관아에 알리셔야죠. 이러고만 계시면 어떡합니까!

답답한 말 좀 하지 마요.

그 도적 떼 두목이 바로 수령이란 말이오!

네?!

그게 무슨 말이에요?

이리 오너라~!

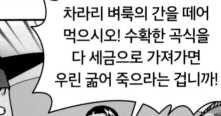

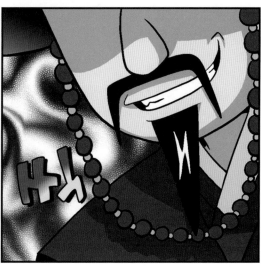

이, 이거
안 놔?!
척
확
이놈!
지금 뭐 하는
거냐!
우당
탕
당탕
으아아악!
네? 저는
놓으라고 해서 놓은
것뿐인데요?
타닥
뭣들 하느냐!
어서 저놈을
붙잡아라!
잠깐!

크하하하하!

난 또 뭐라고.
겨우 어사 주제에
까분 게냐?

내가 모시는 분이
누군지 아느냐? 바로
홍윤성 님이시다!

응?
홍윤성이
누군데?

이런 모자란 놈,
어찌 홍윤성 나리를
모른단 말이냐!

홍윤성은
계유정난을 도운 공으로
공신의 자리에 올라
어마어마한 권세를 누린
인물이야.

135

고맙네, 정말 고마워!

감사합니다!

히히, 역시 착한 일을 하니까 기분이 좋은데?

다시 비상식량도 채웠고 말이지?

전 이해가 안 돼요. 제가 본 세조는 조선을 발전시키기 위해 노력하는 왕이었어요. 그런데 왜 홍윤성 같은 자를 내버려두는 거죠?

그것이 세조의 가장 큰 약점이지.

결국 첫 단추를 잘못 끼운 것이 평생 세조의 발목을 잡았지.

와~

응? 무슨 소리지?

와

신숙주와 한명회가 손을 잡고 함길도 백성들을 모두 죽인 뒤 조선을 뒤엎으려 한다. 함길도의 수령들은 모두 그들과 한패이니, 내가 그 반역자들을 없애 버리겠다!

이시애

이시애가 난을 일으켰구나.

응? 신숙주와 한명회가 반란을 일으켜?! 그들은 세조 편이잖아요?

그걸 믿냐~. 저자가 반란을 일으킨 핑계를 대려고 지어낸 거짓말인 게 뻔하잖아.

한심

저런 말에 속는 건 너밖에 없을걸?

뭐야?!

쿵 쿵

아니! 한 명 더 있어.

145

신숙주와 한명회는 곧 풀려나지만, 이 사건으로 세조의 의심증을 온 세상이 알게 되지.

그보다 제가 궁금한 건, 당신이 어떻게 아직 일어나지도 않은 일을 미리 알고 있냐는 겁니다.

그거야 뭐~, 내가 세조 곁에 오래 있었으니까 짐작하는 거지.

반짝

멍 멍

게다가 세조는 그가 죽은 뒤에 붙은 이름입니다. 살아 있을 때는 임금이나 전하라고만 불리죠. 그런데 어떻게 그 이름을 알고 있죠?

듣고 보니 정말 그러네요!

사실 제가 함길도에 온 건 당신이 어사로 먼저 이곳에 파견됐다는 이야기를 들었기 때문입니다.

당신의 정체가 혹시-

잠깐! 내가 아직 구경이 덜 끝났거든.

나랑 같이 갈래?

앗! 내 눈! 앞이 안 보여!

으…, 여기가 어디야?

와, 맛있겠다!

사과다, 사과!

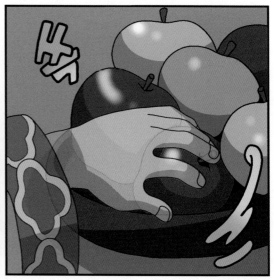

왜, 왜 이래! 음식이 안 잡혀!

설마, 나 죽은 거야?! 그래서 영혼이 된 거냐고!

죽긴 왜 죽어!

아픈 거 보니까 죽은 건 아닌데…, 어떻게 된 거지?

클클클, 구경 모드랄까?

역사적 사건의 순간을 보고는 싶지만, 굳이 끼어들고 싶진 않을 때 사용하는 능력이지.

능력이라고?!

설마, 당신이 타임 드래곤?! 로빈이 제대로 찾아온 거였어!

클클클, 그렇다. 내가 바로 타임 드래곤이다!

이제야 깨닫다니, 한 박자 늦었어.

저 정도면 네 박자는 더 늦은 거 아닐까?

지금까지 숨기던 정체를 왜 갑자기 드러낸 거죠?

그냥 변덕이라고 해 두지.

*영의정 조선 시대 의정부의 으뜸 벼슬.
**병조 판서 군사와 국방에 관한 일을 처리하던 병조의 으뜸 벼슬.

전하,
구성군과 남이에게
너무 높은 자리를 주시면
다른 신하들이 샘을 낼까
염려됩니다.

큰 공을 세웠으니
그에 맞는 큰 상을
내리는 것뿐일세.

설마,
그 샘낸다는 신하가
자네인가?

그, 그것이
아니라….

세조가 원래
한명회를 아끼지
않았어요?

어느 순간 공신들의 힘이
너무 커졌다는 걸 깨달은 세조는,
새로운 공신을 만들어
서로 견제하게 했어. 그게
구성군과 남이였지.

아바마마,
괜찮으십니까?

괜찮으니
어서 풍악을
더 크게 울려라.

여봐라!
풍악을 울려라!

이제 내가 살날도
얼마 남지 않았구나. 세자가 왕위를
안정적으로 물려받을 때까지는
살아야 할 텐데….

그럼
다음으로
가 볼까?

아바마마, 어서 기운을 차리십시오.

그래도…, 내 너를 임금 자리에 앉히고 떠나니 마음이 편하다….

나는 죽으면…, 빨리 흙이 되고 싶구나. 그러니 쓸데없이…, 무덤을 크게 만들지 말거라….

헉…

아바마마!

세조는 세자에게 왕위를 물려준 바로 다음 날, 숨을 거뒀지.

상왕 전하!

설쌤이 예전에 결국 모든 행동은 스스로에게 돌아오게 된다고 말씀하셨잖아요!

그런데 죄를 지은 자들은 벌도 받지 않고…, 단종 전하만 불쌍해요.

이 녀석, 하나만 알고 둘은 모르는구나.

제가 뭘요!

시간이 흐른 뒤에 어떻게 되는지 보여 주마.

155

역적 한명회의 무덤을 파서 목을 베라!

세조를 도와 계유정난을 일으킨 한명회는 죽은 뒤에 역적으로 몰려 무덤이 파헤쳐지고 목이 잘렸단다.

억울하게
세상을 떠난 단종 전하,
이제는 편히
쉬십시오.

영월 태백산
산신령이 되신 단종 전하!
제발 우리를
지켜 주십시오.

단종은 죽은 뒤에
왕위를 되찾았고,
백성들은 그를
태백산 산신령으로
모셨지.

이제 구경은 끝!
인간들은 참 재미있어.
분명 시간이 모든 것을 올바로
돌리는데, 그걸 억지로 바꾸려 하거든.
결국 시간이 흐르면 모든 건
제자리로 가는데 말이지.

뭐, 이번
여행도 즐거웠어.
이제 집에 가서
쉬어야지.

잠깐!

송곳니
주기 전엔
못 가요!

뭐? 내가 왜 내 송곳니를
뽑아 줘야 하는데?

새로운 마법 분필을
만들기 위해선 타임 드래곤 님의
송곳니가 꼭 필요합니다.
그러니 부탁드립니다.

그래?
대신 조건이
있어.

뭔데요?

너희 송곳니도
다 뽑아 줘!
너도, 너도!

농담이야,
농담~.

좋아, 뽑아 줄게.
송곳니는 어차피
다시 자라니까.

정말요?!

<한국사 대모험> 33권에서 다시 만나요!

설민석 선생님의 한국사 더보기

왕권을 강화한 세조

세조는 조카 단종을 내쫓고 왕이 되었기 때문에 왕이 된 초기에 많은 비난을 받았어요. 세조는 이 상황을 어떻게 헤쳐 나가고, 어떤 정치를 펼쳤는지 알아볼까요?

왕이 중심이 되는 나라

세조는 자신에게 반발한 신하들을 제거한 뒤 곧바로 정치 개혁을 시작했어요. 가장 먼저 집현전을 없앴어요. 집현전은 세종이 인재를 길러 내기 위해 설치한 학문 연구 기관이에요. 세조 때 단종의 복위 운동을 펼친 사육신도 바로 집현전 출신의 관리들이었죠. 또 신하들과 나랏일에 대해 토의하던 경연을 없애고, 의정부를 거치지 않고 6조로부터 직접 나랏일을 보고받아 처리하는 6조 직계제를 시행했지요.

한편 세조는 현직 관리에게만 세금을 걷을 수 있는 땅을 주는 직전법을 시행해 나라 살림을 튼튼히 했어요. 또 역사, 지도, 법전 등 여러 분야의 책을 편찬하는 데도 힘썼어요. 특히 조선의 기본 법전인 〈경국대전〉을 이때 만들기 시작했는데요. 〈경국대전〉은 예종을 거쳐 성종 때 완성되어 나라를 다스리는 기본 법전이 되었지요.

공신들의 권력 독점

세조는 계유정난과 즉위, 이시애의 난을 물리치면서 자신을 도운 신하들을 공신에 임명했어요. 공신들은 많은 토지와 노비를 받고, 높은 관직을 독차지했어요. 그뿐만 아니라, 죄를 저질러도 그 잘못을 묻지 않았지요. 왕권 강화를 내세운 세조의 뜻과 반대로 이들은 하나의 특권 집단으로 성장했답니다.

공신들의 권력 독점은 당시 사회적으로 문제가 되었지.

세조의 불안과 뒤늦은 후회

온달

평강아, 왕이 된 세조는 정말
행복했을까?

글쎄, 그렇지 않은 것 같아. 세조가 겪은
일들을 한번 들어 볼래?

평강

세조가 단종의 왕위를 빼앗아 왕이 되고 2년 정도가 지난 어느 날이었어. 세조의 꿈
에 단종의 어머니인 현덕 왕후가 나타나 "시숙(세조)은 내 아들의 왕위를 빼앗고 죽
이기까지 했으니, 나도 시숙의 아들을 죽이겠소."라고 했대. 그런데 세조의 꿈대로
얼마 지나지 않아 세조의 첫째 아들인 의경 세자가 병으로 죽게 돼. 세조는 아들의
죽음이 현덕 왕후의 저주 때문이라고 생각해 현덕 왕후의 무덤을 파헤치기까지 했
어. 뿐만 아니라 세조에 이어 왕위에 오른 둘째 아들 예종 역시 왕이 된 지 1년 만에
세상을 떠났지. 이런 이야기가 전해지는 것으로 보아, 당시 많은 사
람들이 세조가 단종을 밀어내고 왕이 된 것에 대해 옳지 않다고 여
겼다는 것을 알 수 있어.

세조 역시 조카를 죽인 죄책감에 시달렸던 것 같아. 〈세조실록〉에
보면 "내가 돌아보건데 차례를 어기고 분에 넘치게 왕의 자리를 이
어받았으나, 재주가 없고 덕이 없어 이제 다시 생각하니 부끄럽기
그지없다."는 세조의 고백이 있어. 여기서 그의 불안과 뒤늦은 후회
를 엿볼 수 있지.

평창 상원사 목조문수동자좌상

강원도 평창군의 오대산에 있는 상원사라는 절은 세조와 인연이 깊어요. 전해 오는 이야기에 따르면, 세조는 현덕 왕후가 뱉은 침에 맞는 꿈을 꾼 뒤, 심한 피부병을 앓게 되었다고 해요. 세조는 피부병으로 고생하자 상원사에 불공을 드리러 찾아갔어요. 기도를 마치고 혼자 냇가에서 목욕을 하는데, 한 동자승을 만나 등을 밀어 달라고 했어요. 목욕을 끝낸 세조가 동자승에게 "임금의 등을 밀어 주었다는 것을 함부로 말하지 말라."고 했더니 동자승이 "왕께서는 문수보살을 보았다는 소문을 내지 말라."고 했지요. 그 일이 있은

©공공누리

평창 상원사
목조문수동자좌상

뒤로 세조의 피부병이 깨끗이 나았어요. 세조는 문수보살 덕분이라며 화가들에게 자신이 본 문수보살을 그리게 했어요. 훗날 세조의 딸, 의숙 공주가 그 그림을 참고해 문수동자상을 만들어 상원사에 바쳤다고 해요.

상원사에는 전설대로 나무를 깎아 만든 문수동자상이 있어요. 현대에 문수동자상을 수리하는 과정에서 세조가 입었던 것으로 추정되는 옷과 함께 '세조의 둘째 딸인 의숙 공주 부부가 문수동자상을 만들어 모셨다.'는 내용이 적힌 유물이 발견되었답니다.

만화를 읽고 나면
문제도 풀려요!

친구들, 서른두 번째
한국사 대모험 어땠나요?
만화로 재미있게
우리 역사를 알아봤으니
이제 가벼운 마음으로
문제를 풀어 보아요.

1-3 만화의 등장인물 소개를 보고, 각각 누구인지 빈칸에 적어 봅시다.

① | ㅁ | ㅈ |

: 나는 세종의 맏아들로, 왕이 된 지 2년 만에 세상을 떠나면서 내 아들을 잘 보살펴 달라고 신하들에게 유언을 남겼어.

② | ㄷ | ㅈ |

: 나는 어린 나이에 조선의 여섯 번째 왕이 되었어. 의지할 곳이 없어 앞날이 걱정되고 어깨가 무거워.

③ | ㄱ | ㅈ | ㅅ |

: 의정부 대신이었던 나와 황보인 등은 ①번 왕의 유언에 따라 어린 왕을 도와 나랏일을 도맡았지.

4 (가)에 들어갈 역사 용어로 옳은 것은?

속보　　(가)　　의 현장

정치에 있어 관리를 뽑는 일은 무엇보다 중요한데요. 어린 단종을 보좌하는 김종서 등 대신들이 여러 후보 중 미리 정한 인물에 '노란색 표시'를 해 둔 문서를 올리면, 임금이 그들의 뜻에 따라 관리를 임명한다고 합니다. 이런 모습을 지켜보는 수양 대군의 표정이 심상치 않다는 소식입니다.

① 경연　　　② 수렴청정　　　③ 만장일치　　　④ 황표정사

　한국사능력검정시험 21회 중급 22번 활용

5 다음 가상 인터뷰에서 다루고 있는 역사적인 사건은?

왜 김종서 등 신하들을 잔인하게 없애셨나요?

몇몇 신하들이 나라를 마음대로 운영해도 어린 조카는 제대로 대처하지 못했소. 그래서 왕권을 강화하고, 조선을 지켜 내기 위해 그런 것이오.

① 무신정변　　　② 계유정난　　　③ 임진왜란　　　④ 위화도 회군

다음 자료를 보고, 물음에 답해 보세요.

> (가) 은(는) 수양 대군의 책사가 되어 계유정난을 계획하고, 수양 대군이 왕이 되는 데 큰 역할을 했어요. 이후 일등 공신이 되어 엄청난 부를 쌓고 막강한 권력을 누렸어요.
>
> 관직에서 물러난 뒤에는 한강 근처의 경치 좋은 곳에 정자를 짓고 자신의 호를 따 (나) (이)라고 이름 붙였어요. 이 정자는 지금 남아 있지 않지만, 조선 후기의 화가인 겸재 정선의 그림에 그 모습이 전한답니다.
>
>
> ©Wikimedia

6 **(가)에 들어갈 인물로 알맞은 것은?**

① 권람   ② 신숙주   ③ 한명회   ④ 황보인

7 **(나)에 들어갈 건물 이름으로 알맞은 것은?**

① 경회루   ② 낙성대   ③ 남한산성   ④ 압구정

8 다음 (가)에 들어갈 역사 용어로 옳은 것은?

역사 용어 카드

(가)

- 왕이 살아 있는 동안에 다음 왕에게 자리를 넘겨주는 것을 말합니다.
- 세조가 단종을 압박해서 왕위를 넘겨받은 방법인데, 빼앗은 것이나 다름없었어요.

① 선위   ② 박탈   ③ 역모   ④ 혁명

9 (가)~(다)를 일어난 순서대로 바르게 나열한 것은?

(가)
집현전 출신의 충신들이 단종을 다시 왕위에 올리기 위해 단종 복위 운동을 준비했어요.

(나)
수양 대군이 단종의 왕위를 빼앗아 조선의 일곱 번째 왕이 되었어요.

(다)
수양 대군은 단종 가까이에서 권력을 누리던 김종서, 황보인 등 반대파를 죽였어요.

① (가) – (나) – (다)   ② (가) – (다) – (나)
③ (나) – (가) – (다)   ④ (다) – (나) – (가)

다음 대화를 읽고, 알맞은 단어를 골라 동그라미 해 봅시다.

온달

단종에게 충절을 지키다 죽은 여섯 명의 신하를
10 (사육신 / 생육신)이라고 해.

살아서 단종에게 충성을 지킨 여섯 신하도 있어.
11 (사육신 / 생육신)은 왕위를 빼앗은
세조 밑에서 관직 생활을 할 수 없다며 스스로
관직을 버리고 물러났어.

평강

한국사능력검정시험 26회 초급 27번 활용

12 다음에서 설명하는 조선 시대의 기관은?

힌트1 세종 때 젊고 유능한 인재를 길러 내기 위해 궁궐에 설치한
학문 연구 기관이에요.

힌트2 성삼문, 박팽년, 신숙주와 같은 관리들이 이 기관의 학자 출신이지요.

힌트3 세조는 사육신 사건을 겪으면서 이 기관을 없앴어요.

① 의정부　　　② 의금부　　　③ 집현전　　　④ 성균관

13 다음에서 설명하는 문화유산으로 옳은 것은?

> 이 탑은 대리석으로 만들어졌으며, 탑의 몸체에 용으로 휘감긴 기둥과 지붕이 표현되어 있다. 탑 윗부분의 기록을 통해 1467년에 만들어졌다는 것을 알 수 있다.

①
서울 원각사지
십층석탑
ⓒ국가유산청

②
경주 불국사
삼층석탑
ⓒ국립문화재연구소

③
평창 월정사
팔각구층석탑
ⓒ국가유산청

④
경주 감은사지
삼층석탑
ⓒ국립문화재연구소

14 세조가 직전법을 시행한 까닭으로 옳은 것은?

① 퇴직한 관리들에게 혜택을 주려고

② 나라의 살림을 늘려 나라를 안정시키려고

③ 현직 관리들에게 더 많은 세금을 걷으려고

④ 신하들이 중심이 되어 나라를 다스리게 하려고

15 세조가 다음과 같은 명령을 내린 목적으로 옳은 것은?

① 왕권을 강화하고자 하였다.

② 신하들의 권력을 강화하고자 하였다.

③ 의정부의 기능을 강화시키고자 하였다.

④ 인구 수를 정확하게 파악하여 세금을 걷기 쉽게 하고자 하였다.

16 (가)에 들어갈 책으로 옳은 것은?

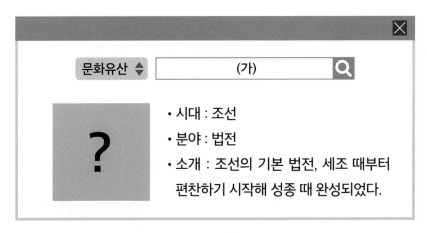

① 〈목민심서〉　　② 〈동국통감〉　　③ 〈경국대전〉　　④ 〈대동여지도〉

17 빈칸에 공통으로 들어갈 알맞은 말을 적어 봅시다.

> 세조는 자신을 도운 한명회, 신숙주 등의 신하들을
> ☐☐으로 임명했어. 이들에게 토지와 노비, 높은 관직을
> 주었지. 게다가 죄를 지어도 쉽게 넘어가 주었어.
> 왕권 강화를 외치던 세조가 한편으로는 ☐☐을
> 또 하나의 특권 세력으로 키운 셈이지.

☐☐

도전 고난이도

18 다음과 같은 이야기가 전해 오는 까닭으로 보기 <u>어려운</u> 것은?

> 세조는 단종의 어머니인 현덕 왕후가 "시숙(세조)은 내 아들의 왕위를 빼
> 앗고 죽이기까지 했으니, 나도 시숙의 아들을 죽이겠소."라고 하는 꿈을 꾼
> 뒤, 아들을 잃었어요. 또 현덕 왕후가 자신의 몸에 침을 뱉는 꿈을 꾼 뒤에
> 는 심한 피부병을 앓기도 했지요.

① 세조는 어릴 때부터 몸이 약했다.

② 세조는 왕이 된 뒤 불안해했다.

③ 세조는 단종을 몰아내고 죽이기까지 한 것에 대한 죄책감이 있었다.

④ 당시 사람들은 세조가 옳지 않은 방법으로 왕이 되었다고 생각했다.

19 다음 답사 계획서에 해당하는 문화유산으로 옳은 것은?

답사 계획서

- **주제** : 세조와 관련된 불교 문화유산을 찾아서
- **기간** : ○○월 ○○일 ~ ○○월 ○○일   • **답사 장소** : 강원도 평창군
- **사전 조사 내용** : 세조는 피부병이 잘 낫지 않자 상원사를 찾아 기도를 드리고, 냇가에서 목욕을 했다. 이때 지나가던 동자승에게 등을 밀어 달라고 했는데, 알고 보니 문수보살이었다. 그 일을 겪은 뒤, 세조의 딸 의숙 공주 부부가 이것을 만들어 상원사에 모셨다.

① 경주 석굴암본존불
ⓒ국가유산청

② 평창 상원사 목조문수동자좌상
ⓒ국가유산청

③ 금동미륵보살 반가사유상
ⓒ국립중앙박물관

④ 상원사 동종
ⓒ강원특별자치도

20 세조는 조카의 왕위를 빼앗아 왕이 되었다는 점과 왕권을 강화하고 나라를 튼튼히 만들었다는 점에서 엇갈린 평가를 받고 있습니다. 내가 만약 세조라면 어떻게 자신을 변호할지 상상하여 써 봅시다.

정답과 해설을 확인해요!

어때요?
문제 푸는 데 어려움은 없었나요?
이제 엄마, 아빠와 같이
정답과 해설을 읽어 보세요.
모두 힘내요!

1 정답 **문종**

해설 문종은 세종의 첫째 아들로, 조선의 제5대 임금이 되었어요. 그는 왕위에 오른 지 2년 만에 세상을 떠나게 되었어요. 당시 세자였던 어린 아들이 걱정되었던 문종은 김종서, 황보인 등 의정부 대신들에게 세자를 잘 보필해 줄 것을 당부하는 유언을 남겼어요.

2 정답 **단종**

해설 단종은 문종이 죽고 어린 나이에 왕이 되었어요. 성인이 될 때까지 정치를 돌보아 줄 어머니와 할머니마저 없던 단종은, 문종의 유언대로 김종서, 황보인 등의 대신들에게 의지할 수밖에 없었지요.

3 정답 **김종서**

해설 문종의 유언을 받들어 김종서를 비롯한 정치 경력이 많은 신하들이 단종을 도와 정치를 이끌어 나갔어요.

4 정답 **④**

해설 단종은 나라를 운영한 경험이 전혀 없었기 때문에 즉위 초기에 김종서 등 대신들에게 의존할 수밖에 없었어요. 황표정사는 이런 단종의 정치적인 입장을 잘 보여 주지요.

5 정답 **②**

해설 세조는 왕권이 약해지고, 자신의 정치적 입지가 점점 줄어들자 한명회를 책사로 두고, 무인들을 끌어모아 세력을 키웠어요. 결국 계유정난을 일으켜 김종서, 황보인 등 자신에게 반대하는 신하들을 제거하고, 정권을 장악해 나갔지요.

6 정답 **③**

해설 한명회는 수양 대군의 정치적인 야망을 자극해 계유정난을 일으키는 데 결정적인 역할을 했어요. 이 일로 일등 공신이 되어 막강한 권력과 부를 누리지요.

7 정답 **④**

해설 한명회가 한강 근처에 지은 정자의 이름은 '압구정'이에요. 압구정은 한명회에게 벼슬을 부탁하러 오는 사람들로 북적였어요. 또 그는 자신을 과시하기 위해 중국 사신들을 위한 연회를 이곳에서 열기도 했지요. 지금은 정자의 모습을 찾아볼 수 없지만, 겸재 정선이 그린 〈압구정도〉로 당시 모습을 짐작해 볼 수 있어요.

8 정답 **①**

해설 선위는 왕이 살아 있는 동안에 다음 왕에게 왕위를 넘겨주는 것이에요. 수양 대군은 선위라는 방식으로 단종을 압박해 왕위를 빼앗았지요.

9 정답 **④**

해설 (다)수양 대군이 계유정난을 일으켜 김종서 등 반대파를 제거하고, (나)단종을 내쫓고 왕이 되었어요. 이후 (가)성삼문, 박팽년 등 사육신이 단종 복위 운동을 계획했지만 실패했어요.

10 정답 **사육신**

해설 단종이 상왕으로 물러난 뒤, 성삼문 등은 단종 복위를 계획해요. 하지만 함께 준비 중이던 김질이 배신하고 이를 고발해 모두 체포된답니다. 이들은 모진 고문을 받으면서도 단종이 다시 왕이 되어야 한다고 주장하다가 비참하게 처형당해요. 이들을 '단종에게 충성을 지키다가 죽은 여섯 신하'라는 의미로 사육신이라고 부른답니다.

11 정답 **생육신**

해설 사육신과 비교해 '살아서 단종에게 충성을 지킨 여섯 신하'를 생육신이라고 해요. 김시습, 원호, 이맹전, 조여, 성담수, 남효온은 의롭지 못한 방법으로 조카의 왕위를 빼앗은 세조 밑에서 관직 생활을 할 수 없다며 스스로 관직을 버리고 물러났어요. 이들은 지방으로 내려가 평생 궁핍한 생활을 하면서도 끝까지 단종에 대한 의리를 지켰답니다.

12 정답 ③

해설 세종 때 젊고 유능한 인재를 길러 내기 위해 궁궐 안에 설치한 학문 연구 기관은 집현전이에요. 집현전은 우수한 학자와 관리들을 많이 배출해 조선 전기의 학문과 과학 기술 발달에 크게 기여했어요. 하지만 세조는 집현전을 없애 버렸지요.

13 정답 ①

해설 세조 때 만들어진 독특하고 화려한 대리석 석탑은 '서울 원각사지 십층석탑'이에요. 세조는 지금의 서울시 종로구 탑골 공원 자리에 원각사라는 큰 절을 짓게 하고, 높이 약 12미터의 큰 탑을 세웠어요.
②는 통일 신라 때 만들어진 탑으로 경주 불국사에 있고, ③은 고려 때 만들어진 탑으로, 평창 월정사에 있어요. ④는 경주 감은사라는 절터에 있는 쌍탑 중 하나로, 통일 신라 신문왕 때 완성되었지요.

14 정답 ②

해설 세조는 관직에서 물러난 퇴직 관리에게도 토지를 주던 과전법을 폐지하고, 현직 관리에게만 토지를 주는 직전법을 시행했어요. 이를 통해 국가의 수입을 늘려 나라 살림을 튼튼히 하고, 나라를 안정적으로 운영할 수 있게 되었답니다.

15 정답 ①

해설 자료에서 세조는 6조 직계제를 명하고 있어요. 6조 직계제는 의정부를 거치지 않고, 왕이 직접 6조를 통제한다는 것을 의미하지요. 이것은 의정부 관리들의 권한을 약화시키고, 왕권을 강화하기 위해서였어요.

16 정답 ③

해설 세조는 역사, 지도, 법전, 불교 경전 등 여러 분야의 책을 편찬하도록 해 조선의 법과 제도를 정비하고자 했어요. 특히 조선 통치의 기본이 되는 〈경국대전〉의 편찬을 지시했지요. 〈경국대전〉

은 예종을 거쳐 성종 때 완성되었어요.

17 정답 **공신**

해설 공신은 나라를 위해 공을 세운 신하를 뜻해요. 세조는 계유정난, 즉위, 이시애의 난을 진압하는 데 도움을 준 신하들을 공신에 임명했어요. 한명회, 권람 등 140여 명을 공신에 임명하면서 토지를 주고, 파격적으로 승진도 시켰지요. 공신들이 죄를 지어도 벌하지 않는 등 특혜가 계속되면서 공신들의 권력이 지나치게 커졌답니다.

18 정답 ①

해설 형수인 현덕 왕후가 자신을 저주하는 꿈에 시달렸고, 아들을 잃었으며, 세조 역시 심한 피부병을 앓았다는 이야기는 조카의 왕위를 빼앗은 세조에 대한 세상 사람들의 마음이 반영된 것이랍니다.

19 정답 ②

해설 강원도 평창군 상원사의 목조문수동자좌상은 세조가 앓던 피부병과 관련이 있어요. 이 동자상 안에서 여러 유물이 나왔는데, 세조가 입은 것으로 보이는 옷과 세조의 둘째 딸인 의숙 공주 부부가 문수동자상을 만들어 모셨다는 기록이 나왔지요.

20 정답 예시 나는 내 욕심 때문이 아니라, 나라의 통치 질서를 바로잡기 위해 조카를 밀어내고 왕이 된 것이다. 내가 왕이 된 뒤, 왕권을 강화하고, 나라 살림을 튼튼히 했으며, 훗날 조선 통치의 기본이 되는 〈경국대전〉의 편찬을 지시한 것을 생각해 나를 평가해 주었으면 한다.

대구남산초등학교 3학년
천하윤 어린이

하윤

동생 강윤

한국사 대모험의 이야기는 독자 여러분의 의견을 받아 완성해 나가고 있습니다. 여러분의 작은 의견이 한 권의 책을 풀어내는 소중한 실마리가 될 수도 있다는 점에서, 미래의 어린이 작가님들의 많은 참여 부탁드립니다.

하윤 어린이, 안녕하세요. 설민석 선생님이에요.

선생님은 하윤 어린이의 편지를 처음 보고 "앗! 이렇게 깜찍한 편지가!" 하며 놀랐어요. 글씨도 반듯반듯하니 편지에 담긴 정성이 느껴져 정말 감동적이었어요. 선생님은 친구들의 독자 편지를 볼 때마다 큰 힘을 얻는답니다. 이런 귀여운 편지를 보내 줘서 정말 고마워요!

하윤 어린이는 〈한국사 대모험〉 중 31권이 가장 재미있었다고 했어요. 어떻게 하면 우리 친구들에게 한국사를 더 재미있게 전달할 수 있을까 고민하다가 타임 드래곤의 송곳니를 찾아 떠나는 이야기를 떠올렸는데요. 많은 친구들이 재미있게 읽은 것 같아 신이 나네요. 더 풍성하고 흥미진진한 이야기를 만들기 위해 선생님이 더욱 더 노력할게요!

하윤 어린이는 31권 21쪽에 등장한 의문의 아이가 타임 드래곤과 관련이 있는 게 아닌지 궁금해했어요. '의문의 아이'는 바로 바로~ 32권에서 새롭게 등장한 '서리'였답니다. 얼굴도 잘생기고 다재다능한 서리의 활약도 많이 기대해 주세요!

마지막으로 선생님도 하윤 어린이를 위해 삼행시 선물을 준비했어요.

천! 천사가 웃는 듯한 미소로

하! 하늘 높이 꿈을 펼쳐 가는

윤! 윤슬처럼 반짝이는 너의 미래를 응원해!

어때요? 마음에 드나요?

이 편지가 하윤 어린이에게 좋은 추억이 되길 바라요!

편지 보내 줘서 고마워요!

• 〈한국사 대모험〉의 어린이 작가님을 모십니다! '설쌤' 앱을 이용해 독자 편지를 보내 주세요!
  아래의 방법으로 편지를 올려 주시면, 설민석 선생님이 직접 선발하여 다음 권에 반영할 예정입니다.

독자 편지 참여 방법

'설쌤' 앱을 열고
설쌤
구글플레이, 앱스토어에서 '설쌤'을 검색하세요.
→
화면 아래쪽의 설렘 탭을 누르고
설렘
→
더하기 버튼 누르고 독자 편지 설정!
+
→
그림이나 편지를 사진을 찍어 올리면 참여 끝!

<설민석의 한국사 대모험> 교과 연계표

대단원	소단원	학습 주제	<설민석의 한국사 대모험> 수록 권
5학년 2학기 1. 옛 사람들의 삶과 문화	(1) 나라의 등장과 발전	고조선의 건국과 발전 과정을 알아봅시다	-1권 1화 단군왕검 -4권 3화 청동기 시대
		고구려, 백제, 신라의 성립과 발전 과정을 알아봅시다	-2권 1화 삼국 통일 -4권 4화 철기 시대 -8권 1화 고구려 부마 선발 시험 -11권 1화 태학생 온달 -11권 2화 온달, 화랑과 맞서다 -12권 2화 광개토대왕릉비의 침입자 -15권 1화 신라로 간 비밀 첩자 -15권 2화 천사옥대를 지켜라! -15권 3화 보물을 찾아 백제로 -21권 1화 될성부른 나무
		신라의 통일 과정과 발해의 성립 및 발전 과정을 알아봅시다	-2권 1화 삼국 통일 -6권 1화 김유신 대 계백 -15권 3화 보물을 찾아 백제로 -31권 1화 지니의 등장 -31권 2화 만파식적의 비밀 -31권 3화 진정한 통일을 이루다!
		고구려와 백제의 문화유산을 알아봅시다	-6권 1화 김유신 대 계백 -11권 3화 사냥터로 간 태학생들 -11권 4화 사라진 온달 -15권 3화 보물을 찾아 백제로 -21권 2화 뿌리 깊은 나무 -22권 1화 위기를 기회로
		신라와 가야의 문화유산을 알아봅시다	-3권 1화 하나의 박물관인 경주 -15권 1화 신라로 간 비밀 첩자 -15권 2화 천사옥대를 지켜라! -16권 1화 빼앗긴 왕좌
		불국사와 석굴암의 우수성을 알아봅시다	-3권 2화 불국사와 석굴암
	(2) 독창적 문화를 발전시킨 고려	고려의 건국과 후삼국 통일을 알아봅시다	-18권 1화 새로운 학생 대표 -18권 2화 온달, 궁예를 만나다! -18권 3화 새로운 세상을 향하여 -19권 1화 고려 왕조의 시작, 태조 왕건 -19권 2화 공산 전투 -19권 3화 왕건, 후삼국을 통일하다 -20권 1화 낙타의 눈물
		서희와 강감찬의 활약을 중심으로 거란의 침입과 극복 과정을 알아봅시다	-2권 2화 몽골 침입 -20권 2화 서희, 일어나다 -20권 3화 싸우지 않고 이기는 법 -29권 1화 물로 쓸어버리다 -29권 2화 불로 태워 버리다 -29권 3화 바람으로 날려 버리다
		몽골이 침입했을 때 고려가 한 대응이 무엇인지 알아봅시다	-2권 2화 몽골 침입 -30권 1화 한편이 되어 주기 -30권 2화 서로 지켜 주기 -30권 3화 한 사람만 사랑하기
		고려청자에 담긴 우수성과 당시 사람들의 생활 모습을 알아봅시다	

대단원	소단원	학습 주제	<설민석의 한국사 대모험> 수록 권
		팔만대장경을 보며 고려의 기술과 문화를 알아봅시다	-2권 2화 몽골 침입
		금속 활자를 살펴보며 고려의 기술과 문화를 알아봅시다	-26권 2화 세상 밖으로!
	(3) 민족 문화를 지켜 나간 조선	조선의 건국 과정을 알아봅시다	-2권 3화 조선 건국 -3권 5화 조선왕조실록 -6권 2화 정도전 대 이방원 -25권 1화 꿈 나와라, 뚝딱! -25권 2화 유배지에서 품은 꿈 -25권 3화 새로운 세상을 열다
		세종 대에 이루어 낸 발전에는 무엇이 있는지 알아봅시다	-1권 2화 세종대왕 -3권 3화 민족의 얼 한글 -12권 3화 온달, 장영실을 만나다 -12권 4화 장영실과 자격루를 지켜라 -32권 1화 가자, 용의 나라로! -32권 2화 잃어버린 왕좌 -32권 3화 왕의 나라를 꿈꾸다
		유교 질서를 바탕으로 한 사회 모습을 알아봅시다	-1권 3화 신사임당 -7권 1화 유교의 큰 스승, 이황 -7권 2화 조선의 폭군, 연산군 -12권 4화 장영실과 자격루를 지켜라
		임진왜란이 일어난 과정과 이를 극복하기 위한 노력을 살펴봅시다	-1권 4화 이순신 -8권 3화 명량에서 배우는 위기 극복 비법 -13권 1화 건천동 대장 이순신 -14권 1화 조선 최고의 명의를 찾아서
		병자호란이 일어난 과정을 살펴봅시다	-23권 1화 남한산성을 가다 -23권 2화 남한산의 불사신 -23권 3화 너와 나의 암호 -24권 1화 보름달 뜨는 밤 -24권 2화 벼랑 끝의 조선 -24권 3화 전쟁이 끝나고 난 뒤
5학년 2학기 2. 사회의 새로운 변화와 오늘날의 우리	(1) 새로운 사회를 향한 움직임	영조와 정조의 개혁 정책을 알아봅시다	-3권 4화 수원 화성 -5권 1화 조선의 중흥을 이끈 영조 -5권 2화 영조의 구원자, 사도세자 1 -5권 3화 불통은 역적을 낳는다, 사도세자 2 -5권 4화 소통은 성군을 낳는다, 정조대왕
		조선 후기에 사회 문제를 해결하려고 했던 노력을 알아봅시다	-22권 2화 지리의 힘 -22권 3화 대동여지도의 탄생
		서민 문화에 나타난 사람들의 생활 모습을 알아봅시다	-3권 3화 민족의 얼 한글
		흥선 대원군의 정책과 강화도 조약을 살펴보고 조선 후기 사회의 모습을 알아봅시다	-3권 4화 수원 화성 -7권 1화 유교의 큰 스승, 이황 -26권 3화 145년 만의 귀향
		갑신정변에 참여한 사람들의 주장을 알아봅시다	

대단원	소단원	학습 주제	<설민석의 한국사 대모험> 수록 권
5학년 2학기 2. 사회의 새로운 변화와 오늘날의 우리	(2) 일제의 침략과 광복을 위한 노력	동학 농민 운동을 살펴보고 당시 사람들의 생각을 알아봅시다	-28권 1화 탐관오리 조병갑 -28권 2화 사발통문 -28권 3화 녹두꽃이 지다
		대한 제국 시기에 자주독립과 근대화를 위해 어떤 노력을 했는지 알아봅시다	-14권 2화 독약의 진실을 밝혀라!
		을사늑약의 과정과 항일 의병의 노력을 알아봅시다	-1권 5화 안중근 -27권 2화 안중근의 등장
		나라를 지키기 위한 안중근의 노력을 알아봅시다	-1권 5화 안중근 -13권 2화 뒤바뀐 역사를 지켜라! -27권 2화 안중근의 등장
		한국인들이 고국을 떠난 까닭을 알아봅시다	-9권 1화 안창호와 대한민국 임시 정부 -9권 2화 청산리 대첩 1 -13권 3화 드디어 밝혀진 X맨의 정체
		3·1 운동을 알아봅시다	-2권 4화 3·1 운동
		나라를 되찾으려는 대한민국 임시 정부의 노력을 알아봅시다	-9권 1화 안창호와 대한민국 임시 정부 -9권 2화 청산리 대첩 1 -9권 3화 청산리 대첩 2 -10권 1화 채소장수 윤봉길 -10권 2화 윤봉길 의거 -10권 3화 임시 정부의 시련 -10권 4화 한국광복군 창설
		나라를 되찾으려는 다양한 노력을 알아봅시다	-7권 3화 베를린 올림픽의 영웅, 손기정 -13권 3화 드디어 밝혀진 X맨의 정체
	(3) 대한민국 정부의 수립과 6·25 전쟁	8·15 광복의 과정을 알아봅시다	-13권 3화 드디어 밝혀진 X맨의 정체
		한반도 분단의 과정을 알아봅시다	-17권 1화 크리스마스의 기적
		대한민국 정부 수립의 의미를 알아봅시다	-10권 1화 채소장수 윤봉길
		6·25 전쟁의 전개 과정과 그 결과를 알아봅시다	-17권 1화 크리스마스의 기적 -17권 2화 오빠의 약속 -17권 3화 돌아온 금산
		6·25 전쟁으로 사람들이 겪은 어려움을 알아봅시다	-17권 1화 크리스마스의 기적 -17권 2화 오빠의 약속 -17권 3화 돌아온 금산

초등학교 5학년
사회 교과서와
함께 보세요!

설민석의 한국사 대모험 32

ⓒDankkumi Corp.

1판 1쇄 인쇄 2025년 2월 5일
1판 1쇄 발행 2025년 2월 24일

글 설민석·남이담 | **그림** 정현희 | **감수** 강석화

펴낸이 설민석, 장군 | **사업총괄** 노성규
개발총괄 조성은 | **편집** 한혜민, 성주은, 류지형, 최지은 | **정보 원고** 김양희
디자인 더다츠, 윤나래, 강은정, 김지선, 안혜원 | **영업** 양원석, 박민준, 최연수, 황단비
마케팅 박상곤, 강지성, 박혜인 | **제작** 혜윰나래

펴낸곳 단꿈아이
출판등록 2019년 10월 8일 제 2019-000111호
문의 내용문의 dankkum_i@dankkumi.com
　　　구입문의(영업마케팅) 031-623-1145 | Fax 031-602-1277
주소 13487 경기 성남시 분당구 판교로 242(삼평동), C동 701-2호

홈페이지 dankkumi.com | **인스타그램** @seolsamtv | **유튜브** '설쌤TV' 검색

ISBN 979-11-94616-01-6
　　　979-11-91496-19-2 (세트)

어린이제품 안전특별법에 의한 기타표시사항

제품명 도서 | **제조자명** ㈜단꿈아이
제조국명 대한민국 | **사용연령** 7세 이상
전화번호 031-623-1145
주소 경기 성남시 분당구 판교로 242, C동 701-2호
KC마크는 이 제품이 공통안전기준에 적합하였음을 의미합니다.